BEI GRIN MACHT SI(
WISSEN BEZAHLT

- Wir veröffentlichen Ihre Hausarbeit,
  Bachelor- und Masterarbeit

- Ihr eigenes eBook und Buch -
  weltweit in allen wichtigen Shops

- Verdienen Sie an jedem Verkauf

Jetzt bei www.GRIN.com hochladen
und kostenlos publizieren

Silvia Dietrich

Rosario Castellanos 'El don rechazado' - Eine literaturwissenschaftliche Analyse

GRIN Verlag

Bibliografische Information der Deutschen Nationalbibliothek:

Die Deutsche Bibliothek verzeichnet diese Publikation in der Deutschen National-
bibliografie; detaillierte bibliografische Daten sind im Internet über http://dnb.d-
nb.de/ abrufbar.

Impressum:

Copyright © 2011 GRIN Verlag GmbH
Druck und Bindung: Books on Demand GmbH, Norderstedt Germany
ISBN: 978-3-656-29793-2

Dieses Buch bei GRIN:

http://www.grin.com/de/e-book/203153/rosario-castellanos-el-don-rechazado-eine-
literaturwissenschaftliche

GRIN - Your knowledge has value

Der GRIN Verlag publiziert seit 1998 wissenschaftliche Arbeiten von Studenten, Hochschullehrern und anderen Akademikern als eBook und gedrucktes Buch. Die Verlagswebsite www.grin.com ist die ideale Plattform zur Veröffentlichung von Hausarbeiten, Abschlussarbeiten, wissenschaftlichen Aufsätzen, Dissertationen und Fachbüchern.

Besuchen Sie uns im Internet:

http://www.grin.com/

http://www.facebook.com/grincom

http://www.twitter.com/grin_com

Literaturwissenschaftliches Proseminar – Spanisch

WS 2010/11

Hispanoamerikanische Erzählungen des 19. und 20. Jahrhunderts

Silvia Dietrich

Rosario Castellanos: *El don rechazado*

Bachelor Spanisch

Inhaltsverzeichnis

1 Einleitung

In der folgenden Arbeit werde ich mich mit der Analyse der Erzählung *El don rechazado* aus der Sammlung *Ciudad Real* von Rosario Castellanos beschäftigen. Hierzu gebe ich zunächst einen Überblick über die Autorin selbst, da ihre eigene Lebensgeschichte ein wichtiger Teil ihrer literarischen Werke ist. Im nächsten Schritt werde ich ihre wichtigsten Themen genauer unter die Lupe nehmen und kurz die Situation der indigenen Bevölkerung in Mexiko beleuchten. Nach einer Einführung in die Erzählsammlung werde ich im letzten Teil meiner Arbeit zuerst den Inhalt von *El don rechazado* zusammenfassen und infolgedessen inhaltlich und formal diskutieren. Bei der formalen Analyse habe ich mich an den Theorien von Monika Fludernik[1] orientiert und anhand dieser die Erzählung untersucht.

2 Rosario Castellanos

2.1 Kurzbiographie

Rosario Castellanos wurde 1925 als Tochter eines Großgrundbesitzers in Mexiko-Stadt geboren. Ihre Kindheit verbrachte sie auf dem Landgut ihrer Familie in Chiapas, im südlichen Mexiko nahe der guatemaltekischen Grenze. Hier hatte sie ihre ersten Kontakte zu der indigenen Maya-Bevölkerung, welche für ihren Vater arbeitete und sie baute eine innige Beziehung zu ihrem ebenfalls indigenen Kindermädchen auf. Sie spürte schnell die Not in welcher sich die Maya befanden und merkte wie sie selbst aufgrund ihrer Abstammung, ihrer sozialen Klasse und ihrer Muttersprache privilegiert war. Rosario Castellanos besuchte als junges Mädchen eine Privatschule, als diese aber von der Regierung geschlossen wurde erlaubten ihre Eltern nicht eine staatliche Schule zu besuchen und sie blieb fortan zu Hause. Als Tochter eines Großgrundbesitzers war sie zwar privilegiert, als Mädchen aber wurde sie benachteiligt. Mit dem Tod ihres jüngeren Bruders verlor sie einerseits einen Verbündeten und anderseits einen Rivalen, da der Junge den Eltern mehr bedeutete als das Mädchen. Rosario Castellanos wurde

---

1 Fludernik, Monika (2006): Einführung in die Erzähltheorie;

einsam und fand in den Worten und der Fantasie ihre neuen Wegbegleiter. Als sie 16 Jahre alt war verlor ihre Familie aufgrund eines Landreformprogrammes von Präsidenten Cárdenas das Landgut in Chiapas und zog nach Mexiko-Stadt um, wo die Eltern wenige Jahre später starben. Rosario Castellanos begann auf den Wunsch ihrer Eltern Jus (*Derecho*) an der *Universidad Nacional Autónoma de México* (UNAM) zu studieren, wechselte aber bald ihre Studienrichtung. Sie widmete sich von da an ihren Studien der Philosophie und Literaturwissenschaften und erhielt später ein Stipendium, welches ihr erlaubte auch an der *Universidad de Madrid* Kurse zu belegen. Bevor sie wieder nach Mexiko ging bereiste sie verschiedene europäische Länder. Nach ihrer Rückkehr arbeitete Rosario Castellanos am *Instituto Nacional Indigenista* (INI) und am *Instituto de Ciencias y Artes* in Chiapas, wo sie u.a. einen Filmclub organisierte und lateinamerikanische Literatur unterrichtete. Nach einem Jahr Unterbrechung aufgrund ihrer Tuberkulose-Krankheit in Mexiko-Stadt kehrte sie nach Chiapas zurück um als Direktorin am *Teatro Petul* tätig zu sein. Die Theaterstücke wurden teils von Spezialisten aus den Bereichen Agrikultur, Bildung oder Gesundheit geschrieben und teils von Rosario Castellanos selbst verfasst. Sie ging auch weiterhin ihrer Lehrtätigkeit nach und gab Kurse in lateinamerikanischer Literatur und in Philosophie. 1958 heiratete sie den Philosophie-Professor Ricardo Guerra, fühlte sich in dieser Verbindung aber nie so richtig wohl, was schlussendlich zu einer Trennung von ihrem Ehemann führte. Aus ihrer Verbindung entstand ihr Sohn Gabriel, welchen Rosario Castellanos nach zwei Fehlgeburten gebar. Wegen ihrer Ehe verließ sie Chiapas und arbeitete am *Instituto Nacional Indigenista* (INI) und an der *Universidad Nacional Autónoma de México* (UNAM) in Mexiko-Stadt. Bevor sie 1971 sie als mexikanische Botschafterin nach Israel ging, gab sie Kurse an den Universitäten von Wisconsin, Indiana und Colorado. Auch an der hebräischen Universität von Jerusalem unterrichtete Rosario Castellanos, bevor sie 1974 am Stromschlag einer Glühbirne in Tel Aviv starb (vgl. Vásquez 1980: 15ff).

2.2 Ihre Werke

Rosario Castellanos war eine sehr vielseitige Autorin und verfasste viele unterschiedliche Werke, darunter waren Romane (z.B. 1957 *Balún Canán*, 1962 *Oficio de tinieblas*), zahlreiche Gedichtsammlungen (z.B. 1948 *Trayectoria del polvo*, 1957 *Poemas*, 1972 *Poesía no eres tú*), Briefe, Essays (z.B. 1950 *Sobre cultura feminina*, 1973 *Mujer que sabe latín...*, 1974 *El uso de la palabra*), Theaterstücke (z.B. 1975 *El eterno femenino*) und Erzählungen. Ihre veröffentlichten Erzählbände sind Folgende:

> 1960 *Ciudad Real*
> 1964 *Los convidados de agosto*
> 1971 *Álbum de familia*
>
> (vgl. Ahern 1980: 126ff)

2.3 *Ihre Themen*

Ihre Werke beschäftigen sich im Grunde mit den großen Themen *Frauen, Indigene* und die misslingende Kommunikation zwischen den Völkern, was auf ihre eigenen Erfahrungen zurückzuführen ist. Dabei rückt oft die Darstellung der Fremdheit in den Vordergrund. Die Konstruktion von Fremdbildern ist immer mit der Frage nach dem Eigenen verbunden, denn ohne das Eigene, kann auch das Andere nicht erschaffen werden. Fremdheit ist daher immer ein relativer Begriff. Abgrenzungen werden von uns selbst vorgenommen, wir entscheiden, wo für uns das Bekannte, das Eigene endet und wo das Fremde beginnt. Hierbei spricht man von Ethnozentrismus, was bedeutet, dass wir fremdes Verhalten aufgrund eigener Normen und Regeln interpretieren. Diese Fremdheit kann sowohl positive, wie auch negative Zuschreibungen erhalten und im nächsten Schritt kann aus der ethnozentrischen Sichtweise eine Ablehnung oder Zuneigung zur fremden Kultur entstehen. Oft wird aber das Andere als Gegenteil zum Eigenen empfunden und daher negativ bewertet. Im Falle des Kolonialismus brachten die Europäer ihre eigene ethnozentrische und gleichzeitig eurozentrische Perspektive mit in die neue Welt. Eurozentrismus bedeutet, dass bei der Bewertung des Fremden die europäische Kultur als Maßstab herangezogen wird. Alles was als nicht europäisch empfunden wird, ist damit automatisch anders. Allzuoft führt eine solche Gegenüberstellung zur Stereotypisierung beider Seiten und zur Idealisierung der eigenen Kultur. Rosario Castellanos befasst sich in ihren Werken mit diesen Konstrukten und Vorurteilen, versucht aber keine der beiden Seiten als gute oder schlechte Geselleschaft darzustellen. Vielmehr versucht sie kritisch, das zu beleuchten, was zwischen ihnen steht: die Kommunikation und Interaktion zwischen den Völkern einerseits und zwischen Männern und Frauen anderseits (vgl. Haller 2005: 17ff).

2.3.1 Frauen

Immer wiederkehrende Themen in den Werken Rosario Castellanos´ sind die Rolle der Frau in der Familie als Mutter und Ehefrau, sowie in der mexikanischen Gesellschaft. Aufgrund ihrer eigenen Erfahrungen beschäftigt sie sich auch mit der Unterdrückung durch Männer und wie Frauen aufgrunddessen zur Selbstaufgabe „gezwungen" werden. Rosario Castellanos war in diesen Belangen oft ihrer Zeit voraus. So heiratete sie z.B. nicht bereits als junges Mädchen wie es in Mexiko üblich wäre, sondern erst als erfahrene Frau im Alter von 32 Jahren. Während sie studierte und selbst für ihren Lebensunterhalt aufkam, war (und ist größtenteils auch heute noch) die mexikanische Frau in der Regel von ihrem Ehemann abhängig. Daher kommt es nicht von ungefähr, dass die Aufgabe eines jungen Mädchens war, einen Mann zu finden, welcher sich in sie verlieben und sie später heiraten würde. Danach bestand ihre Herausforderung darin den Haushalt zu organisieren, die Kinder zu erziehen und ihrem Ehemann zu dienen. Dadurch bleibt es der Frau im weitesten Sinne auch vorbehalten eine eigene Identität zu schaffen und sich über diese zu definieren.

Rosario Castellanos ist aber nicht nur in ihrer eigenen Lebensführung eine moderne Frau, sondern vertritt ihre Einstellung auch in ihren literarischen Werken. In vielen Texten wird die Rolle der Frau zwar nicht dekonstruiert, aber durchaus stark kritisiert und der Gesellschaft aufgezeigt. Somit setzt sie sich für eine Verbesserung der Lebensbedingungen der Frauen in Mexiko und für eine Gleichstellung gegenüber den

Männern ein. Der Feminismus entsteht in Mexiko etwa 1970 und Rosario Castellanos gilt als eine der wichtigsten VertreterInnen. In der ersten Phase des Feminismus steht die Gleichberechtigung von Frauen und Männern und der Aufbruch der Dichotomien häuslich/öffentlich im Vordergrund, aber in der zweiten Phase kommt zusätzlich der ethnische Aspekt hinzu. Es folgt ein Feminismus der Differenzen, welcher neben den geschlechtlichen Unterschieden auch auf die Besonderheiten der Abstammung hinweist. Schwarze und indigene Frauen haben, neben weißen Frauen, eine zusätzliche Unterdrückung aufgrund ihrer Hautfarbe zu erwarten. Mit der feministischen Literatur treten die Frauen in einen bisher den Männern vorbehaltenen Tätigkeitsbereich ein und stellen sich somit in gewisser Weise ihrer Macht. Feministische Literatur wird auch als periphär bezeichnet, da sie sich vom Zentrum der bisher gewohnten Literatur entfernt. Durch dieses „neue" Sprachrohr der Frauen können neue Ideen in die Welt hinaus getragen werden und in weiterer Folge kann es zu positiven Veränderungen und kleinen Revolutionen im Denken der Menschen führen (vgl. Gil Iriarte 1999: 43ff).

2.3.2 Indígenas

Das zweite große Themfeld Rosario Castellanos ist die indigene Bevölkerung. In vielen Werken schreibt sie konkret über die *indios* aus dem Süden Mexikos, wie auch in der Sammlung *Ciudad Real*. Der Diskurs über die indigene Bevölkerung ist so alt, wie die Eroberung ihrer Gebiete durch die Europäer zur Zeit des Kolonialismus. In einem großen Teil der „Eroberungsliteratur" wird der *indio* als der „(Edle) Wilde", als der „Nackte" oder als der „Natürliche"[2] präsentiert. Als die Spanier Ende des 15. und Anfang des 16. Jahrhunderts die neue Welt einnehmen bringen sie ihre Sprache, ihre Kultur, ihr Rechtssystem, ihr ökonomisches Denken und ihre Religion mit. Sie möchten den „Wilden" ihre eigenen Konstrukte und Vorstellungen aufzwingen. Eines dieser Elemente ist die Taufe der *indios*, welche auch Teil der Erzählung *El don rechazado* ist. Nur ihr eigenes, westliches System empfinden sie als das einzig Richtige. Der *indio* dient dem weißen Menschen (insbesondere natürliche dem weißen Mann) lediglich als Sklave, denn dafür, und nur dafür, soll ihn die Natur geschaffen haben. Zu dieser Zeit

---

2 Der „Natürliche" bezieht sich auf die Dichotomie Natur/Kultur

„entwickeln" die Europäer das bereits besprochene Konzept des Eigenem und Anderem, um sich einerseits von den *indios* abzugrenzen und anderseits um ihre Handlungen zu rechtfertigen.

Die Literatur über die indigene Bevölkerung lässt sich grob in drei Phasen unterteilen. In der ersten Periode spricht man vom *Indianismo*. Es wird das Bild eines „guten Wilden" gezeichnet, der idealisiert, verfälscht und übertrieben dargestellt wird. Das Exotische rückt in den Vordergrund und für die Realität bleibt kein Platz. Darauf folgt die Phase des *Indigenismo*. Die Realität rückt in den Vordergrund und verdrängt die verherrlichenden Bilder der indigenen Bevölkerung (und auch der Frauen) aus der Zeit des *Indianismo*. Den AutorInnen bevorzugen von da an dokumentarische Darstellungsweisen der Fremden und der romantische Idealismus muss den sozialen Interessen weichen. Auch an Kritik am gesamten System darf es nicht fehlen. Dennoch wird der *indio* selbst nach wie vor als Objekt gesehen und nicht als eigenständig handelndes Subjekt. Die dritte Phase ist der sogenannte *Neoindigenismo*. Erst hier beginnt der *indio* selbst als handelndes Subjekt gesehen und verstanden zu werden und ist damit in der Lage sich aus seinem eigenen Blickwinkel, seinem eigenen Ethnozentrismus, mitzuteilen. In dieser Phase können sich die Autoren von den Folgen der bisherigen Beobachtung und Beschreibung der Welt in ihren Oppositionen befreien, was nichts anderes bedeutet, als dass die Welt nicht mehr schwarz-weiß ist, sondern viele Komponenten dazwischen liegen. In weiterer Folge führt dies auch zu einer Reduzierung der Systematisierung des *Anderen* (vgl. Gil Iriarte 1999: 105ff).

3 Die Situation in Mexiko

Nach Daten der *Library of Congress – Federal Research Division* von Juni 2008 hatte Mexiko zu diesem Zeitpunkt eine Bevölkerung von etwa 106,7 Millionen Bewohner mit einem momentanen Wachstum von 1,8%. Laut derselben Studie gehören rund 60% der Bevölkerung der ethnischen Gruppe der *Mestizen* oder *ladinos* an, worunter Nachkommen weißer Europäer und Nachkommen weißer Europäer und Indigener zu verstehen sind, aber auch Nachkommen Indigener, welche sich aufgrund der Übernahme der spanischen Kultur und Sprache selbst als *ladino* bezeichnen. Rund 30% sind Angehörige der *indios*, insbesondere der Maya und Nahúa, während etwa 9% Weiße und Europäer sind. Die restlichen 1% gehören verschiedensten ethnischen Gruppen an. Das Spanische ist sowohl unter den Mestizen, wie auch unter den *indios* die dominierende Sprache, wobei im Jahr 2000 etwa 6 Millionen Mexikaner angaben eine der mehr als 90 unterschiedlichen indigenen Sprachen als Muttersprache zu verwenden. Besonders in den südlichen Bundesstaaten Mexikos ist die indigene Bevölkerung weit verbreitet. (vgl. Internetquelle *Library of Congress – Federal Research Division 2008*)

4 Die Sammlung »Ciudad Real«

Der Erzählband *Ciudad Real* erschien 1960 mit 10 Erzählungen zwischen den beiden Romanen *Balún Canán* und *Oficio de tinieblas*. Es gibt viele Überschneidungen der Figuren in den Erzählungen und in den Romanen und auch inhaltlich beschäftigt sich Rosario Castellanos in erster Linie mit demselben Thema: mit der Dichotomie *amo/siervo* und inwiefern sich dieses Gegensatzpaar aus dem Kolonialismus auf die heutige Interaktion zwischen *ladinos* und *indios* ausgewirkt hat.

Die durchaus unterschiedliche Interpretation der Welt durch die beiden Völker spiegelt sich bereits in der Namensgebung ihrer Stadt wieder. Schon im Jahre 1848 wurde die südmexikanische Stadt von *Ciudad Real de Chiapa* in *San Cristóbal de Las Casas* unbenannt. Dennoch ist *Ciudad Real*, der kolonialistische Name der Stadt, der Titel der Erzählsammlung, welche erst mehr als 100 Jahre später geschrieben und veröffentlicht wurde. Ihren alten Namen hat die Stadt aber bis heute in der *ladino*-Bevölkerung beibehalten, während sie von den *indígenas Jobel* genannt wurde und wird. Durch die Benennung ihrer Sammlung will die Autorin Rosario Castellanos verdeutlichen, dass weder die weiße, noch die indigene Bevölkerung in die „Realität" des mexikanischen Staates integriert scheint und weiters die beiden Gesellschaften in unterschiedlichen historischen Zeiten zu leben scheinen (vgl. Gil Iriarte 199: 232ff).

5 Die Erzählung »El don rechazado«

5.1 Inhalt

Die Erzählung handelt von einem Zusammentreffen des weißen Anthropologen José Antonio Romero mit der indigenen Manuela in *Ciudad Real*. Als der Anthropologe, welcher für ein indigenistisches Hilfswerk arbeitet, eines Tages vom Markt zurück zu seinem Stützpunkt fährt, läuft ihm ein Mädchen vor seinen Jeep. Das *indio*-Mädchen schafft es, dass der Anthropolge es zu einer Hütte begleitet, vor welcher eine indigene Frau mit einem Neugeborenen liegt. Da die Frau schwer krank scheint beschließt José Antonio sie, das Neugeborene und das Mädchen mit zu dem Hilfswerk zu nehmen, um sie dort versorgen zu lassen. Als es der indigenen Frau, sie heißt Manuela, wieder besser geht erzählt sie dem Anthropolgen und anderen Mitarbeitern der Mission ihre Geschichte: Nach dem Tod ihres Mannes floh Manuela mit ihrer Tochter Marta (das Mädchen, welches sich vor den Jeep warf) zu Verwandten um auf den Feldern tätig zu sein. Da sie aber schwanger war, fiel es ihr immer schwerer zu arbeiten und da auch die Ernten schlecht ausfielen versuchte sie eine Stelle als Dienstmädchen in *Ciudad Real* zu finden. Sie fand schließlich Unterschlupf in dem Fuhrbetrieb der Doña Prájeda, wo sie von da an zusammen mit Marta arbeitete. Als aber die Geburt anstand und Manuela ihre Herrin um Hilfe fleht, erlaubt ihr diese lediglich das Kind in dem Pferdestall zu gebären. Bald merkte Doña Prájeda, dass die Mutter schwer krank war und setzte, ohne mit der Wimper zu zucken, die gesamte Familie samt Neugeborenem auf die Strasse. Marta bekam den Rat sich an die Missionsstation zu wenden, da sie aber nicht wusste, wo sie zu finden war lief sie bei der ersten Gelegenheit vor den Jeep des Hilfswerkes.

Der Anthropologe merkt schnell, wie intelligent und schlau die junge Marta ist und versucht von da an ihre Mutter zu überzeugen, dass eine Schule das Richtige für das junge Mädchen sei. Manuela lehnt aber immer wieder ab, bietet dem Anthropologen aber an, ihm ihre Tochter Marta im Tausch gegen Branntwein und Mais als Geliebte zu überlassen. Der Anthropologe möchte nicht weiter auf dieses Tauschgeschäft eingehen und versucht weiterhin Manuela eine Schule für Marta schmackhaft zu machen, diese lehnt aber nach wie vor aufgrund fehlenden Glaubens in seine guten Absichten ab. So beschließt er das Vertrauen der indigenen Frau zu gewinnen, indem er ihr anbieten möchte für das neugeborene Baby die Patenschaft zu übernehmen. Als José Antonio empfiehlt, dass Kind taufen zu lassen, willigt die Mutter ein und schlägt sogleich eine Patin für das Kind vor: Doña Prájeda. Ihre Begründung für diese Entscheidung ist, dass sie immer noch ihre Meisterin sei. Der Anthropologe ist sehr überrascht, enttäuscht und wütend über ihre Wahl, kann Manuela aber nicht vom Gegenteil überzeugen. So kommt es, dass die Indio-Frau nach ihrer Genesung zusammen mit ihren Kindern die Mission verlässt und wieder in den Dienst ihrer Herrin Doña Prájeda tritt. Der weiße Anthropologe sieht Manuela von Zeit zu Zeit auf der Strasse, hat aber keinen Kontakt zu ihr. Schlussendlich fragt der Anthropologe sich (und auch die LeserInnen), was er falsch gemacht hätte und was er anders machen hätte sollen. Er kommt zu dem Ergebniss, dass Manuela ihm nicht vertrauen konnte, weil sie bis dahin keine positiven Erfahrungen mit den *Weißen* machte und sie daher den alten, ihr bekannten Weg wählte. Dieser war zwar keineswegs angenehm, aber sie wusste, was dabei auf sie zukommt (vgl Castellanos 1997: 133-141).

5.2 Inhaltsanalyse

Rosario Castellanos beschäftigt sich in der Erzählung *El don rechazado* mit der Situation der indigenen Bevölkerung im südlichen Mexiko. Dabei steht die Figur des weißen Anthropologen José Antonio Romero der Figur der *Indígena* Manuela gegenüber. Das Hauptthema der Erzählung ist die Beziehung zwischen den beiden Figuren und das gegenseitige Unverständnis. Wie so oft in ihren Erzählungen bedient sie sich hierbei der Dichotomie Herr/Leibeigener (amo/siervo) und in weiterer Folge wird der Herr (*ladino*) als mächtig und der Leibeigene (*indio, aber auch Frauen und Kinder*) als schwach definiert. Diese Gegenüberstellung stammt noch aus der Zeit der Kolonialisierung, denn Kolonialismus war nichts anderes als ein Herrschaftsverhältnis zwischen einer herrschenden und einer beherrschten Gruppe, welche einander kulturell fremd sind. Natürlich ist die Zeit der Kolonialisierungen in Lateinamerika bereits vorbei, aber dennoch hat sie ihre Auswirkungen bis heute hinterlassen (vgl. Gonzáles 1980: 107ff).

Die Begriffspaare Herr/Leibeigener, mächtig/schwach und ladino/indio finden wir auch in der Erzählung *El don rechazado* wieder, welche durch eine weitere Unterscheidung ergänzt wird, nämlich Mann und Frau. Auf der einen Seite steht nun José Antonio Romero, ein Weißer, ein Mann und zusätzlich ein Anthropologe, wodurch auch seine universitäre Bildung hervorgehoben wird. Auf der anderen Seite steht Manuela, eine Indigene, eine Frau und ungebildet. Zwischen ihnen steht ihre Kommunikation, oder vielmehr ihre fehlende Kommunikation, die symbolisch für die Interaktion zwischen den beiden Völkern steht, welche wiederum auf die Zeit des Kolonialismus zurückzuführen ist. „En *Ciudad Real* blancos e indios se encuentran incomunicados no sólo por sus costumbres y lenguaje, que son diferentes, sino también, y más importante, por la relación amo/siervo." (González 1980: 109).

Die indigene Manuela lehnt es ab ihre Tochter Marta auf eine Schule zu schicken, weil sie bisher damit nicht in Berührung kam und auch den möglichen Wert einer Ausbildung nicht erkennen kann. Vielmehr orientiert sie sich an ihr bekannten Situationen und geht schlussendlich zu ihrer Arbeitgeberin zurück. Auch hier kommt es zur Gegenüberstellung von Herr und Leibeigenem, aber mit dem Unterschied, dass das Verhältnis zwischen Manuela und Doña Prájeda den Strukturen entspricht, welche sich im Denken der Bewohner von *Ciudad Real* eingeprägt haben. Im Verhältnis zwischen dem Anthropolgen und Manuela kommt es hingegen zu einem aufbrechen dieser Strukturen, die aber von der indigenen Mutter nicht wahrgenommen werden können. Sie flieht in ihre alten Verhaltensmuster zurück und hat Angst sich dem Neuen und Unbekannten zu stellen. Der Anthropologe denkt zu erkennen, dass Manuela ahnt, ihre Situation würde sich dadurch nur verschlechtern und noch mehr Unheil würde auf sie zukommen:

¡No, por favor, no llame usted a Manuela ni ingrata, ni abyecta, ni imbécil! No concluya usted, para evitarse responsabilidades, que los indios no tienen remedio. Su actidud es muy comprensible. No distinguen un *caxlán*[3] de otro. Todos parecemos iguales. Cuando uno se le acerca con brutalidad, ya conoce el modo, ya sabe lo que debe hacer. Cuando otro es amable y le da sin exigir nada en cambio, no lo entiende. Está fuera del orden que impera en Ciudad Real. Teme que la trampa sea aún más peligrosa y se defiende a su modo: huyendo.

Yo sé todo esto; y sé que si trabajamos duro, los de la Misión y todos los demás, algún día las cosas serán diferentes.

Pero mientras tanto Manuela, Marta ... ¿Qué será de ellas? Lo que quiero qu usted me diga es ¿si yo, como profesionista, como hombre, incurrí en alguna falta? Debe de haber algo. Algo que yo no les supe dar."

(Castellanos 1997: 141)

Der Anthropologe stellt sich schlussendlich selbst in Frage und versucht eine Erklärung zu finden, warum Manuela ihm nicht vertrauen kann. Seine Antwort denkt er in der Vergangenheit zu finden: „El indígena de Chiapas está tan resignado a su destino de desgracia y a la mala fe de blanco, que incluso desconfían de aquellos ladinos, que se comportan de manera honrada." (Gil Iriarte 1999: 236). Er nimmt sich selbst vor weiterhin zu versuchen, die Situation zwischen der indigenen und der weißen Gesellschaft zu verbessern, damit eine Veränderung eintreten kann. Und dennoch bereut er, dass es ihm bei Manuela und Marta nicht gelingen konnte.

5.3 Figuren der Erzählung

Im vorangegangenen Kapitel, der inhaltlichen Analyse, habe ich bereits viel über die Figuren der Erzählung verraten, darum möchte ich mich hier ihren Persönlichkeiten und ihren Funktionen in der Geschichte widmen.

José Antonio Romero:

Der weiße Anthropologe ist gleichzeitig der Erzähler und steht für den *amo*, den Herrn, in der Geschichte. Eigentlich will er sich von dem Verhalten der weißen Oberschicht

---

3 Bezeichnung eines „Weißen"

abheben, was ihm aber nicht immer gelingt: „De repente sale corriendo, no sé de dónde, una indita como de doce años y de plano se echa encima del jeep. Yo alcancé a frenar y no le di más que un empujón muy leve con la defensa. Pero me bajé hecho una furia y soltando improperios. No le voy a ocultar nada, aunque me avergüence. Yo no tengo costumbre de hacerlo, pero aquella vez solté tantas groserías como cualquier ladino de Ciudad Real." (Castellanos 1997: 134). Als professioneler Mitarbeiter der Mission in *Ciudad Real* macht er es sich zur Aufgabe für bessere Lebensbedingungen der indigenen Gemeinschaft zu kämpfen, stößt aber bei der Kommunikation an seine Grenzen.

Manuela:

Manuela ist die Gegenspielerin des Anthopologen: Sie ist indigen, eine Frau, ohne Bildung und somit die *sierva*, also die Leibeigene oder Untergebene in der Erzählung. Sie steht für die „untere" soziale Schicht in der Stadt. Zu Beginn verliert sie ihren Mann, von dem sie bis dahin abhängig war und auch ihre Schwangerschaft wird ihr zum Verhängnis. Sie erkennt die guten Absichten des Anthropologen nicht, der ihrer Tochter eine Schulbildung finanzieren möchte und vermutet, dass sich hinter seiner Fassade noch mehr Unheil versteckt, als ihr bereits bekannt ist. Sie flieht in die alten Muster zurück, aus Angst vor dem Neuen und Unbekannten: „Manuela estaba demasiado débil para trabajar y Marta andaba más bien en edad de aprender. ¿Por qué no meterla en el Internado de la Misión? [...] Se lo propusimos a Manuela, creyendo que iba a ver el cielo abierto; pero la india se concretó a apretar más a su hijo contra su pecho. No quiso responder." (Castellanos 1997: 138f). Nachdem Manuela dem Anthropologen diese Absage erteilt hatte, lässt sie die Dolmetscherin einen anderen Vorschlag für ihn übersetzen: „-Dice que si le quiere usted comprar la hija, para que sea su querida, va a pedir un garrafón de trago y dos almudes de maíz. Que en menos no se la da." (Castellanos 1997: 139). Manuela scheint es also vernünftiger vorzukommen ihre Tochter als Geliebte zu verkaufen, als sie zur Schule zu schicken.

Doña Prájeda:

Auch Doña Prájeda wird als *ama* im Verhältnis zu Manuela dargestellt. Sie ist ihre

Meisterin und soll daher auch die Patin für das Neugeborene werden, und das obwohl sie Manuela kurz nach der Geburt aus dem Stall werfen ließ. Im Gegensatz zum weißen Anthropolgen werden der Meisterin keine guten Absichten nachgesagt und dennoch sieht Manuela in ihrer Herrin die einzige Möglichkeit auch in der Zukunft für ihren Lebensunterhalt aufkommen zu können. Daher nimmt sie dieses Schicksal an und fügt sich dessen.

Marta:

Die älteste Tochter von Manuela ist für ihr Alter schon sehr reif und hilft der Mutter bei der Arbeit. Als Kind hat sie aber kein Mitspracherecht was ihre Zukunft betrifft und muss ich dem Willen ihrer Mutter und derer Arbeitgeberin fügen.

Die Dolmetscherin:

In vielen Werken von Rosario Castellanos spielt neben dem Aufeinandertreffen unterschiedlicher Kulturen, die verschiedenen Sprachen eine wichtige Rolle. In *el don rechazado* wird dieser Aspekt nur indirekt eingebracht und nicht tiefergehend thematisiert. Die Notwendigkeit einer Übersetzerin zeigt aber die Schwierigkeit der Kommunikation auch auf dieser Ebene auf. Die sprachlichen Barrieren sind dem Anthropologen durchaus bewusst, z.B. als er dem Mädchen folgt, welches er zuvor angefahren hatte: „La muchachita me la señalaba y me decía quién sabe cuántas cosas en su dialecto. Por desgracias, yo no lo he aprendido aún porque, aparte de mi especialidad no es la lingüística sino la antropología social, llevo poco tiempo todavía en Chiapas. Así es que me quedé en ayunas." (Castellanos 1997: 135), oder an anderer Stelle als die Notwendigkeit einer Übersetzerin erläutert wird: „De sus desgracias nos enteramos pormenorizadamente, merced a una criada que hizo la traductora del tzeltal al español, porque el lingüista andaba de gira por aquellas fechas." (Castellanos 1997: 137).

5.4 Formale Analyse

5.4.1 Erzählperspektive

Die Geschichte wird aus der Perspektive des weißen Anthropologen José Antonio Romero in Form einer Ich-Erzählung präsentiert. Der Erzähler vereint 2 „Persönlichkeiten" in sich, nämlich einerseits das *erlebende Ich*, da er direkter Teil der Erzählung, ja sogar eine der Hauptfiguren ist und andererseits das *erzählende Ich*, da die Erlebnisse bereits stattgefunden haben und dem Erzähler nur mehr eine Erläuterung dieser möglich ist. Ein solcher Erzähler, welcher selbst eine Figur darstellt wird auch als homodiegetisch bezeichnet. In *El don rechazado* ist der Erzähler an der Grenze zur autodiegetischen Figur, da der Anthropologe sowohl Erzähler, wie auch eine der Hauptfiguren ist.

5.4.2 Erzählzeit

Bis auf die kurze Vorstellung des Erzählers zu Beginn und das eigene Resümé am Ende ist die gesamte Erzählung in der Vergangenheit geschrieben. Die Ereignisse halten ihre chronologische Reihenfolge ein, was bedeutet, dass über jene Geschehnisse, welche zuerst stattfanden, auch zuerst berichtet wurde. Insgesamt ist die erzählte Zeit länger als die Erzählzeit, es handelt sich hierbei also um eine Raffung der Geschichte.

Der Zeitpunkt und die Dauer der Geschichte ist nicht bekannt, aber es gibt vereinzelt Hinweise darauf. Der Erzähler gibt zu Beginn einen kurzen Einblick in seine Beschäftigung und erwähnt dabei, dass sich die Anthropologie in Mexiko erst vor Kurzem etablierte, was einen Hinweis auf den möglichen Zeitpunkt der Erzählung gibt. Die Anthropologie begann sich in Mexiko erst ab den 1920ern festzulegen und verstand sich bis in die 1970er als die Wissenschaft zur „Zivilisierung" der indigenen Gruppen – dem *Indigenismo*. Erst ab den 1970ern setzte sich in der mexikanischen Anthropologie eine eigene und unabhängige Richtung durch. Ich gehe also davon aus, dass die Erzählung aus jener Zeit stammt, in welcher sie auch verfasst wurde, den 1950er Jahren (vgl. Internetquelle *Anthropologie*). Da es keinerlei zeitliche Anhaltspunkte in der Geschichte gibt, ist auch die Dauer ungewiss. Als Leser aber bekommt man ein Gefühl für die Zeitspanne, welche vermutlich ein paar Wochen oder vielleicht auch wenige Monate umfasst.

5.4.3 Erzählort

Im Gegensatz zu der Erzählzeit ist der Ort genau definiert. Es handelt sich um die mexikanische Stadt *Ciudad Real* (heute San Cristóbal de Las Casas) im südlichen Bundesstaat Chiapas.[4]

5.4.4 Erzählaufbau

Meine bisherige Analyse weist im Großen und Ganzen schon auf den Aufbau der Erzählung hin, darum möchte ich hier nur kurz die wichtigsten Aspekte zusammenfassen.

Die Erzählung ist dreigeteilt und beinhaltet einen Anfang, einen Mittelteil und einen Schluss. Der Anfang und der Schluss umfassen jeweils nur wenige Absätze und unterschieden sich vom Mittelteil durch ihren deskriptiven Charakter. Zu Beginn stellt sich der Erzähler selbst vor und am Ende versucht er das Erzählte noch einmal Revue passieren zu lassen. Er fragt sich und die LeserInnen, welcher er in diesem Moment direkt anspricht, was er falsch gemacht hatte und was er anders machen hätte sollen. Der Mittelteil ist die Erzählung selbst, in welcher der Anthropologe über die Geschehnisse der letzten Wochen oder Monate berichtet.

Der Stil von *El don rechazado* ist ein durchwegs neutraler und die Erzählung liest sich wie ein Bericht. Der Erzähler selbst hält sich eher im Hintergund und das obwohl er eine der, wenn nicht sogar die Hauptfigur ist. Vielmehr führt er die LeserInnen durch die

---

4   Siehe hierzu auch Kapitel 4 dieser Arbeit

Geschehnisse und bezieht nur selten selbst Stellung dazu. Und doch will er am Ende die eigene Meinung des Publikums wissen und spricht diese hierzu direkt an. Durch den nüchteren Erzählstil wird man als LeserIn am Ende umso emotionaler getroffen, was dazu anregt weiter darüber nachzudenken und nach Antworten und mögliche Lösungen zu suchen.

6 Schlusswort

Beim ersten Lesen der Erzählung hatte ich sofort das Gefühl, als hätte die Autorin die Geschichte selbst erlebt. Trotz des eigentlich recht trockenen Erzählstils, oder vielleicht gerade deswegen berührt sie die LeserInnen. Man hat den Eindruck eine reale Geschichte ohne Verfälschungen zu lesen. Als ich mich mit der Sekundärliteratur zu den Werken Rosario Castellanos´ auseinandersetzte merkte ich schnell, dass sie nicht nur gut schreiben konnte, sondern sich auch in wissenschaftlicher Hinsicht mit den Themen auseinandersetzte. Ich denke, sie hat sich viel mit den unterschiedlichen Disziplinen, z.B. der Anthropologie, dem Feminismus oder dem *Indigenismo* beschäftigt und infolgedessen in ihren Werken bearbeitet. Besonders spannend finde ich das Ende der Erählung, als der Erzähler sich an die LeserInnen wendet, um sie nach ihrer eigenen Meinung zu Fragen, denn es regt definitiv zu einem weiteren Nachdenken über die gesamte Thematik an. Zusammenfassend würde ich sagen, dass die Erzählung sowohl inhaltlich wie auch stilistisch anspricht und eine weitere Auseinandersetzungen mit den großen Themenblöcken Frauen und Indigene, sowie mit der Kommunikation zwischen den Völkern sich lohnen und meinerseits zu empfehlen ist.

7 Bibliographie

Primärliteratur:

Castellanos, Rosario (1997): *Ciudad Real*; Aguilar u.a.; Mexiko-Stadt

Sekundärliteratur:

Ahern, Maureen (1980): *A Critical Bibliography of and About the works of Rosario Castellanos* in: Ahern, Maureen & Vásquez, Mary S. (Hrsg.): *Homenaje a Rosario Castellanos*; Albatros Ed.; Valencia; S. 121-174

Fludernik, Monika (2006): *Einführung in die Erzähltheorie*; Wiss. Buchges.; Darmstadt

Gil Iriarte, María (1999): *Testamento de Hécuba: Mujeres e indígenas en la obra de Rosario Castellanos*; Univ. de Sevilla, Sevilla

Gonzáles, Alfonso (1980): *La soledad y los patrones del dominio en la cuentística de Rosario Castellanos* in: Ahern, Maureen & Vásquez, Mary S. (Hrsg.): *Homenaje a Rosario Castellanos*; Albatros Ed.; Valencia; S. 107-114

Haller, Dieter (2005): *dtv-Atlas Ethnologie*; Deutscher Taschenbuch Verlag; München

Vásquez, Mary S. (1980): *Rosario Castellanos, Image and Idea (An Introduction to Homenaje a Rosario Castellanos)* in: Ahern, Maureen & Vásquez, Mary S. (Hrsg.): *Homenaje a Rosario Castellanos*; Albatros Ed.; Valencia; S. 15-40

Internetquellen:

Library of Congress – Federal Research Division (2008): *Country Profile: Mexico* unter: http://lcweb2.loc.gov/frd/cs/profiles/Mexico.pdf [Zugriff am 03.02.2011]

San Cristóbal de Las Casas: http://es.wikipedia.org/wiki/San_Crist%C3%B3bal_de_las_Casas# Historia [Zugriff am 10.01.2011]

Anthropologie: http://www.chiapas.at/beitraege/indigenismus.htm [Zugriff am 10.01.2011]